210 Jahre KAUZEN BRÄU

Die Geschichte einer erfolgreichen fränkischen Regionalbrauerei

OCHSENFURTER

KAUZEN BRÄU

210 Jahre KAUZEN BRÄU

Die Geschichte einer erfolgreichen fränkischen Regionalbrauerei

Bibliografische Information der Deutschen Nationalbibliothek
Die Deutsche Nationalbibliothek verzeichnet diese Publikation in der Deutschen Nationalbibliografie; detaillierte bibliografische Daten sind im Internet über http://portal.dnb.de abrufbar.

1. Auflage November 2019

info@spurbuch.de; www.spurbuch.de
Layout und Umschlaggestaltung: Anke von Schalscha-Ehrenfeld
Ausführung: pth-mediaberatung GmbH, Würzburg

ISBN 978-3-88778-575-8

INHALTSVERZEICHNIS

VORWORT

Tradition verpflichtet

Die KAUZEN BRÄU blickt mit Stolz auf eine mittlerweile 210-jährige Geschichte zurück und mit Spannung in die Zukunft.

Erstmalig findet die Brauerei 1809 Erwähnung, als „Ehemannsche Brauerei", gegründet von Karl Ehemann mit Sitz im Ochsenfurter Kastenhof. Das Bier ist von guter Qualität und findet mehr und mehr Abnehmer. Die Brauerei wächst im Laufe vieler Jahre stetig, sodass Lager und Produktion vom Kastenhof an die Uffenheimer Straße verlegt werden müssen. Mit Johann-Jacob Gehring, meinem Ur-Urgroßvater, leitet ab 1848 erstmals ein Mitglied der Familie Gehring-Pritzl die Geschicke der Brauerei – seither befindet sie sich im Familienbesitz, seit jeher ist sie privat geführt.

Unsere Familie musste einige harte Schicksalsschläge verkraften, besonders während der Kriegswirren. In der Nachkriegszeit herrschte vor allem ein Mangel an Rohstoffen, Ersatzteilen und Maschinen. Meine Mutter, Cläre Gehring, älteste Tochter meines Großvaters Karl, führte mit viel Geschick und noch mehr Hingabe die Brauerei durch diese schwere Zeit. Erst durch die Heirat meines Vaters Heinz Pritzl wird ihr die Last von den Schultern genommen. Mein Vater, promovierter Betriebswirt, übernimmt die Geschäftsleitung der Brauerei. 45 Jahre steht er mit großem Erfolg an der Spitze des Unternehmens und legt den Grundstein für eine erfolgreiche Zukunft.

Ich führe seit nunmehr einem knappen Vierteljahrhundert die Brauerei an der Uffenheimer Straße, und mit meinem Sohn Jacob steht jetzt die sechste Generation der Familie Gehring-Pritzl bereit, unsere Brauerei in die Zukunft zu führen. Jacob hat nicht nur ein betriebswirtschaftliches Studium sehr erfolgreich beendet, sondern ist überdies auch Braumeister mit Leib und Seele.

Karl-Heinz Pritzl, Geschäftsführer der KAUZEN BRÄU (links), mit seinem Sohn und Nachfolger Jacob

Von Ehemannsche Brauerei über Klosterbräu und Brauerei Gehring bis zur heutigen Firmierung KAUZEN BRÄU – einige Namen trug die Braustätte im Laufe ihrer langen Geschichte. Mit dem aktuellen Namen tragen wir seit 1974 der Tradition der Stadt Ochsenfurt Rechnung, denn seit dem 15. Jahrhundert ist es Brauch, Gästen einen Willkommensgruß aus einem Trinkgefäß in Kauzenform zu reichen.

Wir lieben Tradition und leben die Moderne. Auch wenn wir unsere Biere gemäß dem bayerischen Reinheitsgebot von 1516 brauen, so kommen wir ohne Hightech nicht aus. Stete Investitionen in unseren Maschinen- und Fuhrpark haben uns zu dem gemacht, was wir heute sind: Eine hochmoderne, mittelständische Brauerei, deren Ansinnen es ist, qualitativ hochwertige Getränke zu produzieren. Dabei gilt unsere Konzentration dem heimischen Markt, Regionalität ist unsere Stärke.

Mit diesem Buch gewährt Ihnen unsere Familie einen Einblick in die Brauereigeschichte. Kurze Texte und viele Bilder zeigen, welche Mühe und Kraft der Betrieb der Ochsenfurter KAUZEN BRÄU kostet. Gleichzeitig zeigen sie aber auch, wie viel Hingabe und Herzblut der Brauerfamilie und aller Mitarbeiterinnen und Mitarbeiter in diesem Unternehmen stecken. Ich wünsche viel Spaß bei der Lektüre – bleiben Sie uns und der Ochsenfurter KAUZEN BRÄU gewogen!

Herzlichst Ihr

Karl-Heinz Pritzl

Jacob Pritzl

Die Ochsenfurter KAUZEN BRÄU

Gutes bewahrt seit 1809

Der Kastenhof heute – hier war die Brauerei von 1809 bis 1902 beheimatet.

1809

Gründung durch Karl Ehemann

Die Geschichte der KAUZEN BRÄU beginnt im Jahre 1809. Karl Ehemann gründete in der Ochsenfurter Badgasse auf dem nördlichen Geländeteil des ehemaligen Burkard'schen Kastenhofes die „Ehemannsche Brauerei". Sein Bier schmeckte vorzüglich, schnell zeigten einige Wirte Interesse, die ersten Kunden waren gewonnen. Das Bier aus der „Ehemannschen Brauerei" fand in der traditionell vom Weinbau geprägten Gegend schnell Freunde.

KÖNIGLICHE BESUCHE

Festwagen Heinrich Gehring mit „König Gambrinus", 1930er-Jahre

Maximilian I. Joseph, der erste König von Bayern (1806–1825), besuchte im Jahr 1814 seine neuen Gaue und Städte im Norden seines Reiches, unter anderem auch Ochsenfurt.
Am 7. Juli 1827 kam der zweite König zu Besuch: Ludwig I. (1825–1848).
König Ludwig III. (1913–1918) war am 27. Juni 1914 in Ochsenfurt.

Jene Zeit war gekennzeichnet von zahlreichen Umbrüchen. Der Geist der Französischen Revolution wehte auch nach Ochsenfurt. Das Würzburger Domkapitel, das fünf Jahrhunderte zuvor die Stadt vom Würzburger Bischof abgekauft hatte, verlor seine Macht.

Die Mauern und Türme von Ochsenfurt stammen aus dem 14. Jahrhundert. Seit dieser Zeit war die Stadt Teil des Fürstbistums Würzburg, das zum Fränkischen Reichskreis gehörte, bis sie im Jahr 1803 an das Königreich Bayern fiel.

© shutterstock.com

Ochsenfurt war 1803 an das Königreich Bayern gefallen. Von 1806 bis 1814 gehörte die Stadt zum Großherzogtum Würzburg, das als souveräner Staat im Rheinbund existierte. Im Zuge der Säkularisation kam Ochsenfurt zum Königreich Bayern, was am 28. Juni 1814 verkündet wurde.

DOMKAPITEL GEGEN BIER

Trotz des Widerstandes des Würzburger Domkapitels, das den Ausbau und den Verzehr von Wein protegierte und das Bier als Getränk nicht dulden wollte, wurde ab dem Jahr 1793 in Ochsenfurt Bier gebraut. Das Würzburger Domkapitel übte ab 1295 die Stadtherrschaft über Ochsenfurt aus. Nachdem die Domherren die erste Phase der industriellen Revolution verschlafen hatten, brach unter der Herrschaft des Wittelsbacher Königshauses eine Epoche des Wandels, der Erneuerung und des wirtschaftlichen Aufschwungs an, deren Nutznießer durch gute Beschäftigungslage auch die Brauereien waren.

Wappen der Familie Gehring

Karl Ehemann errichtete seine Brauerei im Jahre 1809 in der Badgasse auf dem nördlichen Geländeteil des ehemaligen Burkard'schen Kastenhofes. Nach dem Tod des Brauers wurde der Betrieb ab 1839 von Johann Gehring pachtweise geführt und 1849 käuflich erworben – der Beginn des Familienbesitzes der heutigen KAUZEN BRÄU.

Die historische Altstadt von Ochsenfurt verfügt über eine weitgehend erhaltene mittelalterliche Befestigungsanlage mit zahlreichen Türmen und Stadttoren sowie alten Wohn- und Geschäftshäusern. Der Holzschnitt zeigt den Eingang zur alten Brauerei.

In dem Lehrling Johann Jacob Gehring, der 1835 aus Herchsheim nach Ochsenfurt zog, erkannte Brauereibesitzer Ehemann nicht nur einen jungen Mann, der beim Brauen echtes Geschick und Können an den Tag legte, sondern auch seinen potentiellen Nachfolger. Sein Lehrbrief bezeugt, dass er „mit großem Fleiß und Pünktlichkeit" eine „untadelige Aufführung gepflogen hat".

1839 Pacht der Ehemannschen Brauerei

1849 Übernahme durch Johann Jacob Gehring

Nach Karl Ehemanns Tod im Jahre 1839 pachtete Johann Jacob Gehring die Brauerei des kinderlosen Ehepaares. Zehn Jahre später konnte er sie schließlich kaufen. Umgehend benannte er sie in „Brauerei Gehring" um. Die Stadt Ochsenfurt zählte um diese Zeit 4860 Einwohner.

Mit großem Arbeitseinsatz und Talent lenkte er die Geschicke des Unternehmens einige Jahrzehnte in einer Zeit, in der das Bierbrauen ein hartes Geschäft und noch reines Handwerk mit keinerlei Maschinentechnik war.

(links)
Bierpumpe und Lagerfässer im Brauereimuseum

(rechts)
Aus der Familienchronik: Lehrbrief von Johann Jacob Gehring (oben links) mit seinen Nachfolgern Heinrich (oben rechts) sowie Johann, Karl und Karlheinz Gehring (untere Reihe von links)

LEHR-BRIEF.

Arbeit ist des Bürgers Zierde
Segen ist der Mühe Preis

25. Oktober 1843

Vereinskommissair

Vereins-Vorsteher

Vereins-Vorsteher

EISENBAHN BRACHTE AUFSCHWUNG

Einen bedeutenden Aufschwung für den Handel brachte die Eröffnung der Eisenbahnlinie von Ansbach nach Würzburg am 1. Juli 1864. Güter und Personen nutzten zuvor seit dem 17. Jahrhundet mittwochs und samstags nach Würzburg und zurück das Marktschiff. Es fuhr zum Markttag und zur Umladung von Waren auf Schiffe nach Frankfurt.

Für die Stadt am südlichen Bogen des Maindreiecks begann eine neue Ära im Verkehrswesen, als am 1. Juli 1864 die Eisenbahnlinie Würzburg-Ansbach ihren Betrieb aufnahm. Zuvor hatte seit dem 17. Jahrhundert mittwochs und samstags das Marktschiff Personen und Fracht zum Markttag nach Würzburg und zur Umladung auf Schiffe nach Frankfurt gebracht. Die Eisenbahn bedeutete einen weiteren Aufschwung für Ochsenfurt.

„Gasthaus zur Eisenbahn" in Winterhausen bei Ochsenfurt – eine der Stationen auf der neuen Zugverbindung

Der Adler gilt als erste Lokomotive einer Eisenbahn auf deutschem Boden. Nach der Jungfernfahrt 1835 wurde er regelmäßig im Personen- und Güterverkehr eingesetzt. Zu den ersten Transportgütern zählten Bierfässer und Vieh. Das Bild zeigt einen Nachbau des Adler im Verkehrsmuseum Nürnberg.

Johann Jacob Gehring musste als Brauereiinhaber aber auch Rückschläge hinnehmen. Ein schlimmer Brand in der Nachbarschaft griff im Jahr 1865 auf die Brauereigebäude im Kastenhof über und beschädigte sie schwer; Geschichtsschreiber stellten den Brand noch katastrophaler dar und formulierten: „Am 25. August 1865 loderte schließlich ein weiterer Großbrand auf, dem die Brauerei Gehring in der Badgasse zum Opfer fiel.“

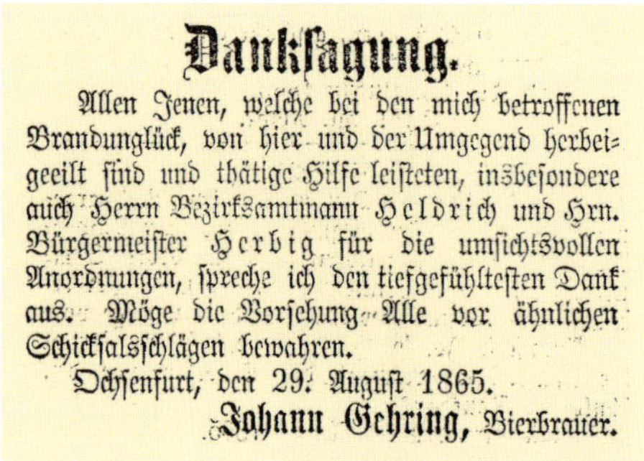

Danksagung.

Allen Jenen, welche bei den mich betroffenen Brandunglück, von hier und der Umgegend herbeigeeilt sind und thätige Hilfe leisteten, insbesondere auch Herrn Bezirksamtmann Heldrich und Hrn. Bürgermeister Herbig für die umsichtsvollen Anordnungen, spreche ich den tiefgefühltesten Dank aus. Möge die Vorsehung Alle vor ähnlichen Schicksalsschlägen bewahren.

Ochsenfurt, den 29. August 1865.

Johann Gehring, Bierbrauer.

VOM LÖSCHDIENST ZUR FEUERWEHR

Es existierte in Ochsenfurt zwar ein allgemeiner städtischer Löschdienst, aber keine Feuerwehr im moderneren Sinne. Die Häufung der Großbrände in den Jahren 1861, 1864 und 1865 regte zur Gründung einer besser organisierten freiwilligen Feuerwehr an, was schließlich am 18. Oktober 1868 besiegelt wurde. Diese Feuerwehr sollte sich unter anderem bei einem weiteren Brand in der Brauerei Gehring in der Badgasse am 6. November 1894 bewähren. Zu heftig jedoch war das Feuer am 6. März 1902, als der Kastenhof in der Badgasse niederbrannte.

Der 1865er-Brand in der Brauerei konnte jedoch den Erfolg nicht aufhalten. Mit viel Einsatz sicherte sich Johann Jacob Gehring das Bestehen der Brauerei.

1866 im Krieg zwischen Preußen und Bayern stand das preußische Heer vor Ochsenfurt. Die Stadt blieb heil, aber die Mainbrücke wurde zerstört. Die Einwohnerzahl war bis 1871 auf 5280 angewachsen.

Zum Ende des Jahrhunderts setzte auch in Mainfranken die Industrialisierung mit ihren technischen Errungenschaften ein, die auch den Brauereien viele Verbesserungen brachte. Mithilfe vieler wegweisender Entdeckungen und Erfindungen, beispielsweise von

Wagenhalle
und Büro 1936

(unten) Erste Ochsenfurter
Gewerbeausstellung 1950

Werbung 1950er-Jahre

Im Klosterbräu-Biergarten der 1950er-Jahre

Louis Pasteur (Verfahren zur Haltbarmachung von Lebensmitteln und Gärung, um 1860), Carl von Linde im Jahr 1876 (elektrische Kühlung) und Carl Benz (Automobil, 1885), wurde im Brauereiwesen eine neue Epoche eingeläutet. Nun konnte auch im Sommer gebraut und die Auslieferung ausgedehnt werden. Zum Thema Kühlung: Bis dato kühlte man mit Natureis, das saisonale Hilfskräfte wie Fischer und Schiffer im Winter mit langen Haken als Eisschollen aus dem Main holten und diese in die Eiskeller trugen.

1879 Übernahme durch Heinrich Gehring

Als in den 1870er-Jahren die Reblaus in Deutschland auftauchte und nach und nach in Franken fast alle Rebstöcke vernichtete, verstärkte sich der Trend zum Bier noch mehr. Nicht nur deswegen florierte der Gehring'sche Betrieb. Die Qualität des Bieres war – auch in den mittlerweile viel größeren produzierten Mengen – konstant gut und fand in der Region immer mehr Freunde. Die Ochsenfurter „Gehring-Brauerei", wie sie damals hieß, führte ab 1879 Johann Jacobs Sohn Heinrich Gehring.

Auch dieser Nachkomme der Brauerfamilie zeigte unternehmerischen Weitblick. Heinrich Gehring machte sich 1880 zum Gründungsmitglied des Bayerischen Brauerbundes. Sein Leitspruch lautete: „Gemeinsam macht man kleine Dinge groß – mit Zwietracht wird man sie wieder los!"

Lagerkeller in den 1920er-Jahren

Und so begann er, den eigenen Betrieb weiter auszubauen. Der expandierenden Bierbrauerei Gehring wurde es in der Badgasse bald zu eng. Ab dem Jahr 1872 legte Heinrich Gehring außerhalb der Stadtmauern auf einem Grundstück in der Uffenheimer Straße am Anstieg zum Wolfgangsberg die ersten Bierlagerkeller an. Zuletzt verlegte er 1902 die Produktionsstätte mit dem Sudhaus und Maschinenhaus dorthin, wo sie auch heute noch ansässig ist.

Werbeschild der „Klosterbrauerei" von Heinrich Gehring, die diesen Namen ab ca. 1902 trug

Gehring'sche Brauerei,

Ochsenfurt.

Pfingstmontag und Dienstag
Erstes Auftreten
des
Gesangskomikers und Charakterdarstellers

A. Ott von hier

mit Begleitung.
Zum Vortrag kommen die neuesten Couplets,
Intermezzos und Soloscenen.

Belegschaft der Brauerei Gehring 1901

Aufgrund der Nachbarschaft zum alten Kapuzinerkloster nannte sich der Betrieb nun „Klosterbrauerei". Die Brauerei entwickelte sich schon bald zu einem ansehnlichen mittelständischen Produktionsbetrieb und als solcher zu einem stabilen Wirtschaftsfaktor im Leben der Stadt.

Und dort wurde weiter in den Fortschritt investiert: Ab 1891 gab es eine Abzweigung der Eisenbahnstrecke, die sog. „Mainländebahn", hinunter zum Fluss, und man baute den Hafen weiter aus. Der Anschluss der Stadt an die Elektrizitätsversorgung erfolgte 1898. Ab 1907 war die Gaubahn von Ochsenfurt nach Röttingen befahrbar. Eine städtische Wasserleitung wurde ab 1908 gebaut.

1914 jubelten die Menschen König Ludwig III. von Bayern bei einem Besuch in Ochsenfurt zu. Auch zu diesem Anlass dürfte reichlich Bier geflossen sein.

Weil viele der Mitarbeiter während des Ersten Weltkrieges zum Militär eingezogen waren, lag die Produktion darnieder. Das Unternehmen rettete sich mit der Herstellung und dem Vertrieb von Apfelmost über die Zeit.

1919 Übernahme durch Hans und Karl Gehring

1919 übergab Heinrich Gehring die Brauerei an seine beiden Söhne Hans und Karl. Die kurze Zeit später einsetzende Inflation, zunehmende Arbeitslosigkeit und die allgemeine Weltwirtschaftskrise machten ihnen das Geschäft schwer, doch die Brüder navigierten geschickt durch diese schicksalsschwere Zeit, verbesserten sogar noch die maschinellen Einrichtungen und Anlagen. In der eigenen Mälzerei in der Badgasse bereitete man den Bedarf in eigener Regie.

Verbriefter Lohn der Anstrengungen: Bereits im Jahre 1903 wurden in Berlin – hier im Rahmen der „Allgemeinen Ausstellung für Volkswohl“ – die Biere der Klosterbrauerei Ochsenfurt mit dem höchsten Preis ausgezeichnet.

Postkarte mit dem alten Kastenhof, ca. 1902

Gärkeller von 1936

1935 installierten die Brüder eine neue Abfüllanlage für Fass- und Flaschenbier, erweiterten den Gärkeller und legten die ersten Stahl-Lagertanks an. Ein Jahr später, also 1936, starb Hans Gehring, und Karl blieb alleiniger Inhaber des Unternehmens. Es gelang ihm, während des Zweiten Weltkriegs zusätzliche Lagerhallen und ein neues Wohnhaus zu bauen. Die Brauerei hatte sich erneut als angesehener, mittelständischer Betrieb weiterentwickelt. Vor Ausbruch des Zweiten Weltkrieges betrug die Produktion rund 10.000 Hektoliter pro Jahr.

1945 Übernahme durch Cläre Gehring

1944 musste Karl Gehring wiederum einen Schicksalsschlag verkraften. Sein Sohn Karl-Heinz, der seine Nachfolge antreten sollte, fiel in Polen. Aber auch Karl Gehring (gest. 1945) und seine Frau überlebten den Krieg nicht. Ihre älteste Tochter Cläre Gehring übernahm 1945 den Brauereibetrieb, der unter US-Treuhänderschaft stand, und lenkte das Unternehmen durch die ersten, schweren Nachkriegsjahre. Es mangelte nicht nur an Rohstoffen und Hilfsmaterial, auch Ersatzteile und Maschinen waren kaum zu bekommen, aber mit starkem Willen und Improvisationsgeist päppelte man die Produktion von 5.000 Hektoliter pro Jahr wieder nach oben.

1950 Nach Heirat Übernahme durch Heinz Pritzl

Cläre Gehring heiratete Dr. Heinz Pritzl, der 1950 die Leitung des Unternehmens übernahm. Die Brauerei wurde in den folgenden Jahrzehnten kontinuierlich weiter modernisiert und quasi neu gebaut, die Bierproduktion wurde weiter automatisiert und der Ausstoß deutlich gesteigert.

Cläre Gehring und ihr Ehemann Dr. Heinz Pritzl

Lohnzettel aus den Jahren 1932 und 1935

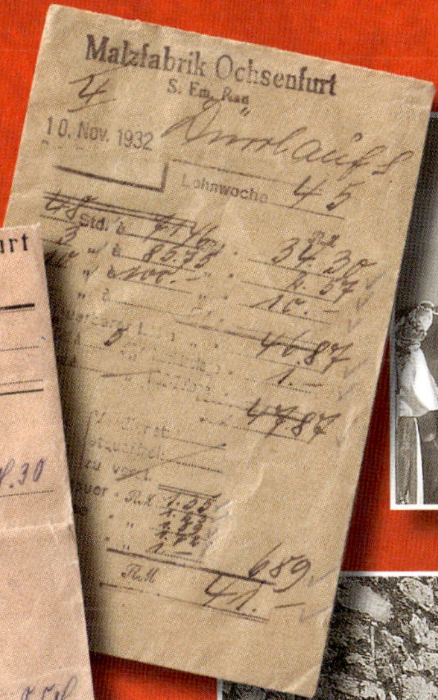

Malzfabrik Ochsenfurt
S. Em. Rau
10. Nov. 1932
Lohnwoche 45

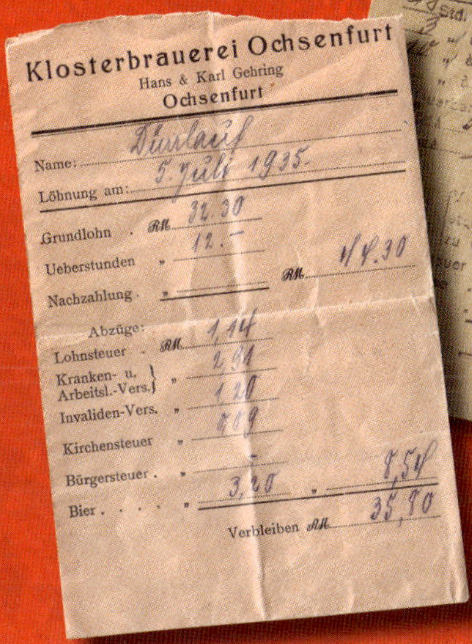

Klosterbrauerei Ochsenfurt
Hans & Karl Gehring
Ochsenfurt

Name: Dürlauf
Löhnung am: 5. Juli 1935.
Grundlohn . RM. 32.30
Ueberstunden „ 12.– RM. 44.30
Nachzahlung . „
Abzüge:
Lohnsteuer RM. 1.14
Kranken- u. Arbeitsl.-Vers. „ 2.01
Invaliden-Vers. „ 1.20
Kirchensteuer „ 0.19
Bürgersteuer . „ – 8.54
Bier . . . . „ 3.20
Verbleiben RM. 35.80

Bierbestellung 1946

Auch neue Sorten wie der KAUZEN-Bock und das Käuzle-Pils fanden großen Anklang. In der Region stand der Name längst für schmackhaftes Bier von bester Qualität. Seit 1981 wird auch Weißbier gebraut. Die KAUZEN BRÄU zählte zu den Pionieren dieser Biersorte in Unterfranken.

DER OCHSENFURTER KAUZ

Konrad Ludwig von Zobel, der damalige Domherr zu Würzburg, stiftete der Stadt Ochsenfurt 1611 das erste silberne Trinkgefäß in Form eines Kauzes und verordnete, dieses Gefäß in geselligen Runden künftig zu verwenden.

Aus dem Geschichtsbuch „Beschreibung von Ochsenfurt", 1845: „Zur Zeit der Weinlese ging es bei der Anwesenheit eines Domherrn von Würzburg ... gewöhnlich sehr gastlich her. ... Bei jedem Festmahle machte ein besonderes Trinkgefäß die Runde um die Tafel. Es war eine Eule, oder ein Kauz, von Silber und hielt etwa zwei und eine halbe Maaß. Mit gutem Wein gefüllt wurde dieser Pokal jedem neuen Gaste zum Willkomm kredenzt, und so schlich sich nach und nach auch die Zumuthung ein, dass jeder neue Gast ihn bis auf den Grund leeren musste."

Seit 1611 gab es diesen Kauzen-Pokal auch in Ochsenfurt. In eine Art Gästebuch trugen sich die Anwesenden ein und verfassten manchen seriösen oder auch lockeren Spruch. Im Laufe der Jahrzehnte füllten sich zwei solcher Kauzen-Bücher. Nach der Ära der Domherren wurde dieser Trinkbrauch auch mit Bier praktiziert.
Eingedenk dieser Sitte benannte die Klosterbrauerei ab 1958 ihr Starkbier „KAUZEN-Bock". Das Käuzle-Pils kam dazu. Das fränkische Urgestein, der Künstler Richard Rother, verfasste zu einem seiner Holzschnitte den markanten Trinkspruch: „Beim Kauze-Bock bleibt jeder hock."
1974 benannte sich die Klosterbrauerei in KAUZEN BRÄU um. „Der KAUZEN" als Trinkkrug repräsentiert bis heute als sympathisches und geschichtsträchtiges Symbol die Gastfreundschaft und Lebensfreude.

Gärkeller 1960

Neubau Flaschenkeller
im August 1962

Plakat von 1972

timent in den 1950er-
ren

Einführung der neuen Ausstattung im Jahr 1984: (v.l.) Karl-Heinz Pritzl, Hauptgeschäftsführer des Bayerischen Brauerbundes Dr. Fritz Ludwig Schmucker, Ochsenfurts Bürgermeister Karl Remling, Dr. Heinz Pritzl

1995 Übernahme durch Karl-Heinz Pritzl

Schon damals zählte die KAUZEN BRÄU zu den modernsten Privatbrauereien in Bayern. Im Jahr 1995 trat Dr. Heinz Pritzls ältester Sohn Karl-Heinz, der heutige Geschäftsführer, in die Unternehmensleitung ein. Aktuell liegt der Absatz von Bier und alkoholfreien Getränken bei rund 100.000 Hektoliter pro Jahr. Bei den Biersorten macht Pils etwa die Hälfte der Menge aus; es folgen Weißbier, Helles und die Spezialbiere.

Auch heute, mehr als 210 Jahre nach ihrer Gründung, besteht die KAUZEN BRÄU noch immer als eigenständiger Familienbetrieb und hat eine stabile Marktposition inne. Für diesen dauerhaften Erfolg haben alle Inhaber und Mitarbeiter hart gearbeitet. Sie engagieren sich jeden Tag für die hervorragende Qualität und den unnachahmlichen Geschmack des KAUZEN-Bieres und der Libella-Markengetränke. Ständige Innovationen und regelmäßige Modernisierung im Betrieb sowie ein gutes Gespür für Trends sollen auch in Zukunft den Unternehmenserfolg fortschreiben.

Als Mitglied der Wertegemeinschaft „Deutsche Brau-Kooperation – Die Freien Brauer“ und der Gemeinschaft „Mainfranken Bier“ fühlt sich die KAUZEN BRÄU ihrer Heimat und den Menschen in der Region verbunden. Karl-Heinz Pritzl: „Wir pflegen langjährige Geschäftsbeziehungen und erhalten unsere Rohstoffe aus der Umgebung. Auch in den nächsten Jahren wollen wir uns als regionale Brauerei behaupten.“

von oben nach unten: Auszug aus dem KAUZEN BRÄU-Sortiment von 1955, 1999 und 2019

Dr. Heinz Pritzl und
Karl-Heinz Pritzl, 1988

Ehrung 125 Jahre Bayerischer Brauerbund, 2005

Die Brauerfamilie bei der
200-Jahr-Feier 2009:
Jacob, Stefanie, Franzisca,
Karl-Heinz und Beate Pritzl (v.l.)

KAUZEN-Mannschaft
2009

210 Jahre Brauerei-geschichte in Bildern

Mainfranken-messe 1981

Begrüßung von Minister-präsident Franz Josef Strauß durch Dr. Heinz Pritzl, 1983

Dr. Heinz Pritzl mit Land-wirtschaftminister Dr. Josef Ertl anlässlich des 100-jährigen Bestehens des Bayerischen Brauerbundes, 1980

(oben) Eröffnung des Kastenhofes, Schlüsselüber-gabe, 1982

Bundeswirtschaftsminister Michael Glos bei der Hopfen-ernte in Ochsenfurt, 2013

Karl-Heinz Pritzl mit Staatsminister Josef Miller zu 125 Jahre Bayerischer Brauerbund, 2005

Bieranstich mit der Oberbürgermeisterin von Würzburg, Pia Beckmann, beim Würzburger Frühjahrsvolksfest

Ministerpräsident Seehofer beim „Tag der Franken", 2014

(oben) Tag des Bieres in Würzburg 2017 mit der Bayerischen Bierkönigin Sabine-Anna Ullrich

(links) Walpurgi-Anstich, Uffenheim 2014

Feiern mit KAUZEN BRÄU

Katholikentag 1951 in Ochsenfurt (rechts)
Klosterbräu Park 1955 (unten)

Fasching 1958

(links) „Käuzles Club" 1964

50-jähriges Jubiläum Volkstrachtenverein Ochsenfurt, 2003

Fasching 2013

Stadtfest (links) und Hausmesse (unten)

Brauereifest 2002

Bratwurstfest in Ochsenfurt, 2019

Fuhrpark im Spiegel der Zeit

Klosterbräu-Biertransporter aus den 1920er-Jahren …

… und von 1936

Klosterbräu-Flotte um 1959

Fuhrpark der KAUZEN BRÄU von 1976

Gespann von 1990 (rechts)

... und von 2000 (unten)

2009 (unten)

2019

Brauereitechnik im Wandel der Zeit

Flaschenfüllerei 1940 (oben), Fassfüllerei 1953 (oben rechts), Sudhaus 1958 (rechts)

Brennerei 2019

Sudhaus 2019

Fassfüllerei 2017

Die erste weibliche Auszubildende, Xenia Kühne

Die Ochsenfurter KAUZEN BRÄU heute

Die Philosophie der KAUZEN BRÄU

Wir lieben und leben Bier! Als Getränk, als Lebensgefühl, aus Leidenschaft und mit Herzblut.
Bier ist für uns mehr als ein Mittel zum Durstlöschen. Bier ist Genuss, Gemeinschaft und Emotionalität. Bier ist eine Welt voller Geschichten, wunderbarer Erinnerungen und Momente des Glücks und Genusses. Bier ist bodenständig, ehrlich und immer ein Stück Heimat. Bier ist traditionell und modern zugleich. Bier ist für uns „Hopfen, Malz und Lebensfreude" – basierend auf den sieben Werten der freien Brauer. Basierend auf unseren sieben Werten.

Große Freiheit

In einem von Konzentration und Globalisierung geprägten Mark bewahren wir uns Freiheit und Eigenständigkeit. Wir tun das, worauf wir gerade Lust haben und was wir für richtig und wichtig halten. Wir nehmen uns die Freiheit, ein eigenes Hopfenfeld zu pflegen und mit viel Liebe und Geduld zu bewirtschaften – damit wollen wir den Menschen in der Region die Seele des Bieres näherbringen. Nachhaltig stabile Strukturen sind uns wichtiger als schneller Profit und kurzfristig lukrative Geschäfte. Wir nehmen uns die Freiheit auszuprobieren, zu testen, zu erschaffen und unter Umständen auch wieder zu verwerfen. Ganz ohne Druck, dafür mit umso mehr Freude, Spaß und Herzblut. Unsere einzige Verpflichtung gilt dem bayerischen Reinheitsgebot von 1516.

Hopfenernte

Persönliche Verantwortung

Bayern, Unterfranken, Ochsenfurt – hier sind wir zuhause, hier übernehmen wir Verantwortung. Als Arbeitgeber und Ausbilder, als Nachwuchsförderer und Geschäftspartner. Als Freund, als Wegweiser, als Unterstützer, als Ratgeber. Als Institution der südlichsten Stadt am Main.

Einzigartige Vielfalt

So einzigartig und unterschiedlich wie unsere Mitarbeiter sind auch unsere Bierspezialitäten. Eigene Ideen, eigene Rezepturen, eigene Rohstoffe, eigene Brauverfahren – sie machen jedes unserer Biere zu einem eigenen, kleinen Erlebnis. Bier ist Vielfalt, für jeden Moment im Leben gibt es das richtige.

Die Bayerischen Bierköniginnen der Jahre 2015/16, 2017/18 und 2019/20 im Hopfengarten

Höchste Qualität

Viele reden von Qualität, wir brauen sie. Malz und Hopfen aus Bayern, Wasser aus dem eigenen Tiefbrunnnen, Hefen aus eigener Reinzucht, Leidenschaft, Hingabe und eine gehörige Portion Liebe sind das Rezept für Biere, um die uns viele große Konzernbrauereien beneiden.

Saubere Umwelt

Die Rohstoffe für unsere Biere sind natürlich und stammen aus nächster Umgebung. Und das bleibt auch so! Ein Fünftel des von uns benötigten Stroms ist nachhaltige Solarenergie aus eigener Produktion. Bei uns kommen ausschließlich Mehrwegglasflaschen zum Einsatz – Plastik und Dosen haben wir den Kampf angesagt. Alte Schraubverschlüsse werden gesammelt und dem Wertekreislauf zugeführt. Unsere Etiketten sind aus 100 % Recyclingpapier. Wir kaufen überwiegend regional, unterstützen die heimische Wirtschaft, sichern Arbeitsplätze und schonen die Umwelt: Je kürzer die Wege, desto geringer die Umweltbelastung. Für uns, für euch, für die Umwelt.
Übrigens: Die von uns seit 2016 eingesetzte „kleine Halbe" wurde im Rahmen der REUSE Conference im September 2019 auf europäischer Ebene als die innovative und zeitgemäße Standard-Mehrweg-Poolflasche mit dem minimalsten Ressourcenverbrauch vorgeführt und ausgezeichnet.
Wir finden das ausgezeichnet!

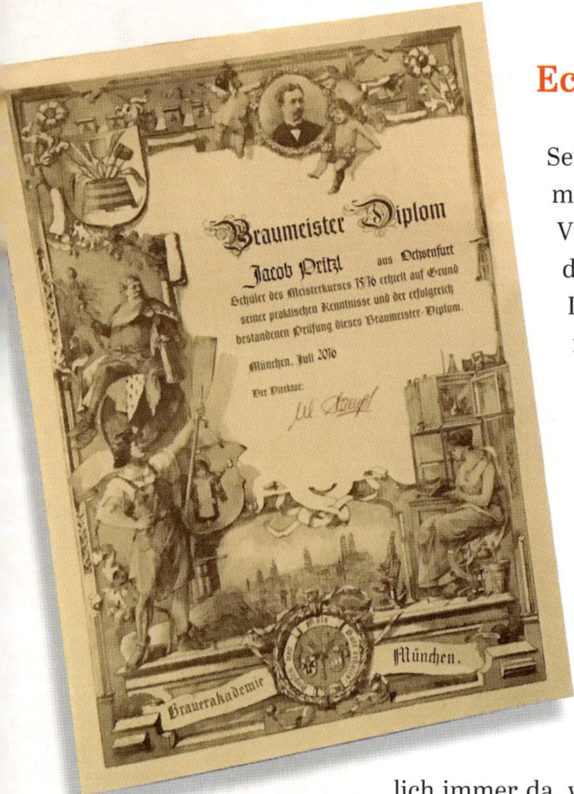

Echte Tradition

Seit 76650 Tagen oder 210 Jahren brauen wir Bier mit größter Hingabe und wachsender Begeisterung. Vieles hat sich im Laufe dieser Zeit verändert, mindestens genauso viel ist gleich geblieben: Unsere Leidenschaft und unser Stolz. Wir brauen Biere mit traditionellem Hintergrund. So bewahren wir echte, unverfälschte, regionale Braukunst und authentische Lebensart – aus Liebe zum Bier. Seit sechs Generationen.

Gelebte Regionalität

Bier braucht Heimat, und Heimat braucht Bier. Wir sind Unterstützer unserer Heimat, der Einwohner, der Sportclubs, der freiwilligen Feuerwehren, von ehrenamtlichen Organisationen und Veranstaltungen – und natürlich immer da, wenn und wo wir gebraucht werden. Helfen und Spenden sind bei uns an der Tagesordnung. Wir wollen unser Brot, Fleisch und Gemüse von Handwerksbetrieben vor Ort. Deshalb machen wir uns stark für unsere Heimat und erhalten die Vielfalt der Region. Gestern, heute und morgen.

Die Fortsetzung der Erfolgsgeschichte ist gesichert: Mit Jacob Pritzl ist die sechste Braumeister-Generation am Start

… AND THE OSCAR GOES TO …

Okay, einen echten Oscar haben wir noch nicht gewonnen, aber dafür unzählige andere, für uns als Brauerei wesentlich wichtigere Auszeichnungen. Wir haben keinen Preis für die beste Maske erhalten – denn wir müssen uns nicht verstecken, müssen nichts vorgaukeln. Auch wurden wir nicht für Nebenrollen prämiert – bei uns sind alle Hauptdarsteller und haben einen Preis verdient. Wir sind ehrlich, bodenständig, autark und tun das, was wir können und lieben: Bier brauen! Aber wir messen uns gerne mit dem Wettbewerb,. Wenn es sein muss, mehrmals im Jahr, national und international. Dabei räumen unsere ins Rennen geschickten Probanden ab – regelmäßig und großzügig.

2019 gab es gleich 4 x Gold der DLG: für Käuzle Urhell, KAUZEN Original 1809, KAUZEN Premium Pils und KAUZEN Weissbier hell

Beim jährlichen DLG-Wettbewerb (Deutsche Landwirtschafts-Gesellschaft) sind wir seit über 20 Jahren vertreten. Medaillen in Gold wurden nicht nur unseren guten Bieren verliehen. Auch für unsere konstant hohe Produktqualität gab es reichlich Edelmetall. So haben wir seit 2001 weit über 30 Gold- und mehr als 20 Silbermedaillen bei der DLG gewonnen, 12 mal den „Preis der Besten" in Gold. Und auch auf internationaler Bühne machen unsere Biere eine gute Figur: Bei Monde Selection ernten wir Jahr für Jahr neben Lob auch Medaillen. Jüngster Spross der KAUZEN-Familie ist unser Whisky „Old Owl". Auf ihn wartete 2016, 2017 und 2019 eine besonders schwere Prüfung: In England, dem Heimatland des Whiskys, musste sich der junge Edelbrand der weltweiten Elite stellen.
In Jubiläumsjahr 2019 haben wir wieder ordentlich abgesahnt: Viermal Gold bei der DLG, beim Brüsseler Wettbewerb Monde Selection gab es Gold für das Weissbier hell und das Premium Pils. Silber gewann Old Owl bei der IWSC (International Wine and Spirit Competition).

Etiketten-Relaunch: 100 % Recycling, 100 % KAUZEN BRÄU

Insgesamt 21 feinste Bierspezialitäten hält die KAUZEN BRÄU bereit – und jedes der Etiketten war aluminiumbedampft, was zwar schönen Glanz in Gold und Silber, aber gleichzeitig ein Umweltproblem mit sich brachte. Bei Herstellung fielen jede Menge umweltschädlicher Abfallstoffe an. Das Augenmerk der KAUZEN BRÄU lag schon immer auf umweltschonender Produktion. „Mit dem Verzicht auf Einwegplastikflaschen und -dosen haben wir vor vielen Jahren den ersten Schritt getan. Seit der Inbetriebnahme einer Photovoltaikanlage können wir einen Teil unseres benötigten Stroms selbst erzeugen“, lässt die Geschäftsführung der KAUZEN BRÄU wissen. Umwelt- und Ressourcenschutz sei wichtiger denn je, ergänzt Juniorchef Jacob Pritzl.

Vor knapp zwei Jahren hat Jacob Pritzl mit dem Etikettengrafiker einen ersten Entwurf skizziert, mit der Maßgabe, dass sich die Einheitlichkeit auf allen Etiketten wiederfinden muss. Bessere Lesbarkeit, einfachere Strukturen, klar definierte Farben standen ebenfalls im Lastenheft des Grafikers. Um Kunden schnellen Überblick zu verschaffen, waren Symbolleisten für Alkoholgehalt, Trinktemperatur, Vollmundigkeit und Bittere geplant. „Eigene Wünsche, Ideen und Vorstellungen gesetzestreu zu verpacken war eine große Herausforderung, die viel Zeit und Energie kostete, aber letztendlich im Team bewältigt werden konnte“, so Jacob Pritzl.

Papier ist nicht gleich Papier

Nachdem die Entwürfe jeder Prüfung standhielten, blieb die Frage nach dem Papier. „Klar war zu jeder Zeit“, so die Verantwortlichen, „dass nur ein Recyclingpapier zum Zuge kommt. In engem Austausch mit unserer Etikettendruckerei und unseren Brauern der Flaschenfüllerei wurden verschiedene Papiere getestet.“ Das Material muss sich nicht nur gut aufkleben und leicht ablösen lassen, es muss auch etwas aushalten. Feuchtigkeit, Hitze oder mechanische Einflüsse müssen spurlos am Etikett vorübergehen. „Das Recyclingpapier hat allen Anforderungen standgehalten, einen guten und bleibenden Eindruck hinterlassen“, weiß Jacob Pritzl zu berichten.

Ab sofort erstrahlt das KAUZEN-Sortiment in neuem Glanz

Mittlerweile hat die KAUZEN BRÄU erste Chargen mit neuen Etiketten abgefüllt. Brauereichef Karl-Heinz Pritzl: „Die ersten Reaktionen aus unserem Kundenkreis sowie auch die unserer Mitarbeiter sind durchweg positiv: eine einheitliche Erscheinung, klare Strukturen, schnörkellose Linien, eine gute Lesbarkeit und leichtes Verständnis dank der Symbolleiste.“

Was besonders wichtig gewesen sei, ergänzt Jacob Pritzl, sei die Tatsache, dass die komplette Etikettenrange auf 100 Prozent Recyclingpapier gedruckt werde. „Damit ist die KAUZEN BRÄU Deutschlands erster Getränkehersteller, der nur Recyclingpapieretiketten verwendet. Unsere Umwelt liegt uns am Herzen, das haben wir schon immer bewiesen und werden es auch weiter tun. Auch wenn wir die Etiketten modernisiert und den Umweltansprüchen angepasst haben: Der Inhalt der Flaschen bleibt natürlich der gleiche. 100 Prozent KAUZEN Bier, 100 Prozent KAUZEN Qualität!“

Bier und Limonade: zwei gute Freunde

Dem Kundenwunsch zu entsprechen ist der KAUZEN BRÄU ein wichtiges Anliegen. Dazu zählt nicht nur die hohe Qualität aller im Sortiment angebotenen Getränke, sondern auch die Vielfalt. Längst gehören auch alkoholfreie Getränke zum Portfolio der KAUZEN BRÄU – weil es die Kunden schon vor langer Zeit verlangten.

Erfrischungsgetränke, frei von synthetischen und künstlichen Zusätzen bot seinerzeit ausschließlich Rudolf Wild an. Unter dem Markennamen „Libella" wurde 1951 die erste Limonade präsentiert, deren Rezeptur ausschließlich auf natürlichen Rohstoffen basierte. Brauereien können mit Lizenz Libella-Limonaden herstellen und vermarkten. „Für uns", resümiert der Chef der Ochsenfurter KAUZEN BRÄU, „ist die Firma Wild mit Libella seit über 20 Jahren ein idealer Partner: Der hohe Qualitäts- und Geschmacksanspruch gleicht unserem und so war es damals leicht, eine Partnerschaft einzugehen, die bis heute hält." Die KAUZEN BRÄU stellt Erfrischungsgetränke selbst her, füllt eigenständig ab und vermarktet in eigener Verantwortung als Libella-Lizenznehmer der Firma Wild/ Heidelberg.

Libella-Cup 2018

Im Vergleich zu früher hat die KAUZEN BRÄU ihr Angebot an alkoholfreien Getränken deutlich erweitert. Insbesondere die Sorten „Zero“ und „Iso-Sport“ sind eine hervorragende Ergänzung zu den herkömmlichen Limonaden und Säften. Karl-Heinz Pritzl erklärt: „In Zeiten bewusster Ernährung spielen kalorien- und zuckerreduzierte Nahrungsmittel eine große Rolle. Schritt halten mit den Bedürfnissen der Kunden – mit Wild und der Marke Libella kein Problem.“ Nahezu sämtliche von Wild angebotenen Geschmacksrichtungen produziert und füllt die Ochsenfurter Kauzen selbstständig ab. In modernen, teilbaren Kisten mit wiederverwertbaren 20 x 0,5-Liter-Glasflaschen können Libella-Freunde die Getränkevielfalt genießen.

Weniger Zucker – mehr Frucht

Jung im Limonaden-Sortiment der KAUZEN BRÄU ist „BODO“. „Nicht einfach ein Cola-Mix-Getränk, sondern eins der besonderen Art“, verrät Brauereichef Karl-Heinz Pritzl. Und weiter: „Wir haben es geschafft, dem Getränk einen eigenen Geschmack zu geben. Mit 15 Prozent weniger Zucker, einem höheren Fruchtanteil und weniger Cola schmeckt BODO deutlich fruchtiger als herkömmliches Cola-Mix.“ Angelehnt an „KAUZEN Coffee“ der 1970er-Jahre gibt es BODO in der nostalgischen 0,5-Liter-Euroflasche. Damit wird die KAUZEN BRÄU erneut dem Kundenanspruch nach weniger Süße, Retro-Design und außergewöhnlichem Geschmack gerecht.

BODO – das neue Cola-Mix-Getränk aus dem Limonaden-Sortiment der KAUZEN BRÄU

Der Vertrieb für Endverbraucher erfolgt über Einzel-, Groß- und Fachhandel, Gastronomie wird direkt beliefert. Wir liefern Libella sowohl in 0,5-Liter-Glas- als auch in PET-Flaschen, Großabnehmer erhalten Containerware.

Flüssiges Gold der KAUZEN BRÄU

„Als Brauerei ist es längst nicht damit getan, täglich gutes, frisches Bier zu brauen und abzufüllen. Wir müssen uns ständig neu erfinden, um auf dem hart umkämpften Getränkemarkt zu bestehen“, so Brauereichef Karl-Heinz Pritzl. Deshalb muss auch die KAUZEN BRÄU mit neuen Getränken auf sich aufmerksam machen. So wurde 2011 die Idee geboren, einen Single Malt Whisky zu brennen. „Das dazu erforderliche Brennrecht hat die Brauerei seit 1903: Als Abfindungsbrennerei dürfen wir 300 Liter reinen Alkohol pro Jahr brennen“, beschreibt Karl-Heinz Pritzl die rechtliche Grundlage.

Fass prägt den Geschmack

Otto Resch, erster Braumeister der KAUZEN BRÄU und passionierter Whisky-Liebhaber erinnert sich: „Eine Destillerie war schon vorhanden, die Zutaten ohnehin, denn Bier brauen und Whisky brennen liegen dicht beisammen.“ Einzig fehlte ein Name. Dass dieser etwas mit Kauzen oder Eulen gemein haben musste, stand außer Frage. Brauereichef, Braumeister und Marketingabteilung einigten sich auf „Old Owl”, alte Eule: „Bier muss frisch und jung, Whisky muss alt und reif sein. Alte Eule war somit ein passender Name.“

Old Owl ist ein Single Malt Whisky, der in der Regel drei Jahre im Holzfass reift. Sein unverwechselbarer Geschmack sowie seine einzigartigen Aromen prägen den jeweiligen Jahrgang. „Denn“, erklärt Braumeister Otto Resch, „Old Owl liegt während seiner Reifedauer in 225 Liter fassenden Barriques, in denen zuvor fränkischer Rotwein lagerte. So erhält jeder Old Owl-Jahrgang seinen eigenen, einzigartigen Geschmack.“

Traditionen schreibt die KAUZEN BRÄU groß – auch wenn die Brauerei eine hochmoderne ist. Gerade bei der Whiskyproduktion steht die traditionelle Handarbeit im Vordergrund. Karl-Heinz Pritzl kennt den Ablauf nur zu gut: „Das Abfüllen des gebrannten Alkohols in Transportfässer, das Umfüllen in die Barriques, das der Lagerung folgende Abfüllen in Flaschen – alle Arbeiten werden von Hand ausgeführt. Dabei wird peinlichst auf Sauberkeit und Hygiene geachtet, sämtliche Mengen sind akkurat in die Brennbücher einzutragen. Bei keiner Arbeit dürfen sich die Mitarbeiter Fehler erlauben." Verschließen der Flaschen, Versiegeln mit Schrumpffolie und Etikettieren sind weitere Schritte, die per Hand ausgeführt werden müssen.

Rund 1.000 Flaschen feinster Edelbrand stehen jährlich in limitierter Auflage beim Fachhandel oder direkt bei der Brauerei zum Verkauf. Ein Großteil jedes Jahrgangs wird schon um die Weihnachtszeit verkauft – bundesweit! Nicht zuletzt die gewonnenen Auszeichnungen tragen zum schnellen Abverkauf bei – bereits zwei Bronze- und eine Silbermedaille gewann Old Owl im Heimatland des Whiskys, bei der International Wine and Spirit Competition (IWSC) in England. Mit berechtigtem Stolz erklärt Braumeister Otto Resch: „Unser Whisky tritt in einer hart umkämpften Klasse an – internationaler Single Malt Whisky ohne Alter. Die Konkurrenz ist stark und umso größer unser Stolz, dass wir bei drei Teilnahmen drei Auszeichnungen erhielten. Die Abfüllungen 2015 und 2016 wurden mit einer Bronzemedaille prämiert, die 2018er-Abfüllung erhielt mit 92 von 100 möglichen Punkten gar Silber." Damit ließ Old Owl sogar alteingesessene deutsche Whisky-Sorten und -Abfüller hinter sich.

Auf Old Owl ist man besonders stolz: Bei drei Teilnahmen am größten und härtesten Whisky-Wettbewerb, der IWSC (International Wine and Spirit Competition) in England, wurde er mit drei Medaillen prämiert. Zweimal Bronze und einmal Silber, so die bisherige Ausbeute.

Stolz auf Handarbeit und Auszeichnungen: Braumeister Otto Resch, Jacob und Karl-Heinz Pritzl (v.l.)

MALZ U. HOPFEN
GIBT GUTE TROPFEN